BEI GRIN MACHT SICH IHR WISSEN BEZAHLT

AF166880

- Wir veröffentlichen Ihre Hausarbeit, Bachelor- und Masterarbeit

- Ihr eigenes eBook und Buch - weltweit in allen wichtigen Shops

- Verdienen Sie an jedem Verkauf

Jetzt bei www.GRIN.com hochladen und kostenlos publizieren

Die Ottawa-Charter der WHO und fünf Kriterien von Empowerment. Eine kommunikationswissenschaftliche Analyse

Nils Eberhardt

Bibliografische Information der Deutschen Nationalbibliothek:

Die Deutsche Nationalbibliothek verzeichnet diese Publikation in der Deutschen Nationalbibliografie; detaillierte bibliografische Daten sind im Internet über http://dnb.d-nb.de abrufbar.

ISBN: 9783346325662
Dieses Buch ist auch als E-Book erhältlich.

© GRIN Publishing GmbH
Nymphenburger Straße 86
80636 München

Druck und Bindung: Books on Demand GmbH, Norderstedt Germany
Gedruckt auf säurefreiem Papier aus verantwortungsvollen Quellen

Das vorliegende Werk wurde sorgfältig erarbeitet. Dennoch übernehmen Autoren und Verlag für die Richtigkeit von Angaben, Hinweisen, Links und Ratschlägen sowie eventuelle Druckfehler keine Haftung.

Das Buch bei GRIN: https://www.grin.com/document/974703

Einsendeaufgabe

Die Ottawa-Charter der WHO und fünf Kriterien von Empowerment

Vergleich der fünf Axiome Watzlawicks mit den 4-Seiten-einer-Nachricht Schulz von Thuns

Praktische Anwendung des Gordon Modells

Autor: Nils Eberhardt

Inhaltsverzeichnis

1 Ottawa-Charter der WHO zur Gesundheitsförderung

Im Jahr 1986 wurde im kanadischen Ottawa ein Leitfaden veröffentlicht, der perspektivisch betrachtet durch verschiedene Strategien der Aufklärung, Erziehung, Bildung, Verbesserung der Selbstkompetenz und Präventionsmethodik die Gesundheitsstruktur speziell in Industrieländern fördern und verbessern sollte. Die Ottawa-Charter ist in drei Handlungsstrategien unterteilt:[1]

Interessen vertreten und durch ein aktives anwaltschaftliches Eintreten eine Verbesserung der generellen Lebensqualität in politischen, ökonomischen, sozialen, kulturellen, biologischen Umwelt- und Verhaltensfaktoren erzielen. Zusammengefasst bedeutet dies, über den Rechtsweg daran mitzuwirken, dass sich die genannten Faktoren zum positiven wenden.

Befähigen und ermöglichen, dass eine Chancengleichheit der Gesundheitsförderung unabhängig des sozialen Hintergrunds besteht, um das größtmögliche Gesundheitspotential jedes Einzelnen zu verwirklichen. Gesteuert werden soll dies durch Aufklärung und den Zugang zu den wesentlichen gesundheitsfördernden Informationen (Bildung) und der Chance auf Selbstentfaltung bei praktischen und persönlichen Kompetenzen. Die Idee dahinter ist, dass jeder Einzelne nur das optimale Gesundheitspotential entfalten kann, wenn die Möglichkeit besteht auf Determinanten Einfluss zu nehmen, die zur Gesundheitsförderung dienen.

Vermitteln und vernetzen der Gesellschaft über den Gesundheitssektor hinaus. Dieses Handlungsfeld beschreibt die Notwendigkeit nach einer koordinierten Zusammenarbeit von Akteuren aus der Regierung, im Gesundheits-, Sozial- und Wirtschaftssektor und in anderen relevanten Sektoren wie z.B. der Industrie und den Medien. Durch gezielte Strategien sollen gesundheitsfördernde Maßnahmen an Interessensgruppen und regionale Unterschiede angepasst werden. Gesellschafts- und Wirtschaftssysteme und kulturelle Gegebenheiten müssen dabei berücksichtigt werden.

---

1   Vgl. WHO (1986) S. 2

2 Definition: Empowerment

Das zweite Handlungsfeld (Befähigen und ermöglichen) des Ottawa-Charter impliziert, dass Menschen die Fähigkeit verbessern ihre Umwelt und ihr Leben selbstständig zu gestalten und es nicht gestalten zu lassen. Auch wenn das Wort „Empowerment" nicht in diesem Handlungsfeld erwähnt wird, ist die Essenz des Ansatzes deutbar. Das Konzept des Empowerments kommt aus der amerikanischen Gemeindepsychologie und ist heute in vielen Zweigen unseres Gesundheitssystems vertreten. Das Wort „Empowerment" kann als „Befähigung" oder „Bemächtigung" übersetzt werden. In Industrieländern und in der Entwicklungsarbeit der dritten Welt findet dieser Begriff in vielen Bereichen Anwendung.

Durch stetige Bildung sollen Menschen zum Lernen motiviert werden und durch die Vermittlung von Informationen auch mit chronischen Krankheiten oder Behinderungen umgehen können. Somit soll die Selbstkompetenz gefördert und die kritische Reflexion über die eigene körperliche und geistige Konstitution angeschoben werden. Der Grundgedanke des Empowerments umfasst alle Menschen, Erwachsene genauso wie Kinder. Folglich sollen Prozesse des Empowerments die Selbstkompetenz einzelner Personen oder Personengruppen fördern. Akteure oder Professionelle, die für die Förderung des Empowerments verantwortlich sind, haben lediglich die Aufgabe Rahmenbedingungen zu schaffen z.B. durch die Bereitstellung von Ressourcen, Unterstützung von Selbstorganisation und Selbsthilfe, Anbieten von Orientierungshilfen und Aufzeigen von Informationsquellen. Sie sollen auf die „befähigten" Personen keinen zu großen Einfluss nehmen und sich nicht in die angestoßene Prozesse für die Verbesserung der Selbstkompetenz einmischen.

Aus dem Gesundheitswesen stammt die Bezeichnung „Patient Empowerment", die einen besseren Informationsfluss für den Patienten beschreibt, eine höhere Transparenz ermöglicht und die Fähigkeit der Mitbestimmung verkörpert. Daran ist zu erkennen, dass gestrige hierarchische Strukturen zwischen behandelndem Arzt und Patient aufgebrochen werden und eine verbesserte Form der Mitbestimmung des Patienten geschaffen wird.[2]

---

2 Vgl. Brandes S., Stark W. (2016)

3 Fünf Kriterien des Empowerments

Um ein gesundes Maß an Selbstkompetenz und Selbstentfaltung herzustellen, um also „empowered" zu sein, bedarf es einiger grundlegender Kriterien. In Kapitel 2 wurde bereits allgemein auf einige Aspekte eingegangen. Nun sollen Empowerment- Voraussetzungen um Praxisbeispiele ergänzt werden.[3]

Verbesserter Zugang zu Informationen

Bildung ist essentiell für eine kritische und fundierte Meinung. Durch einen verbesserten Zugang zu gesundheitsrelevanten Informationen und eine möglichst gute Verständlichkeit des Materials kann Personen und Personengruppe dabei geholfen werden eine höhere Kompetenz im Umgang mit der eigenen Gesundheit zu entwickeln.

Beispiel: Die deutsche Bundesregierung stellt umfangreiche Informationen auf der Internetpräsenz der Bundeszentrale für gesundheitliche Aufklärung zur Verfügung. Dort werden Leitbegriffe für gesundheitliche Förderung und Prävention für alle Interessierten publiziert. Der Bundesverband für Gesundheitsinformation und Verbraucherschutz bietet weitere Möglichkeiten des direkten Informationsabrufs. Dieser überregionale operierende Verein hat sich das Ziel gesetzt einen Beitrag zur Aufklärung im Gesundheitswesen zu leisten. Ebenso können Gesundheitsinformationen und Aufklärung über Krankheiten in Spezialzeitschriften wie z.B. die Apotheken Umschau gut verständlich nachgelesen werden. Diese Zeitschrift spricht besonders eine ältere Leserschaft an, die weniger versiert im Umgang mit dem Internet ist. Es gilt hervorzuheben, dass die Ottawa-Charter im Jahr 1986 veröffentlicht wurde. Seitdem ist der Zugang zu Gesundheitsinformationen, speziell durch das Internet, umfassender und direkter geworden.

Die Befähigung das Umfeld zu verändern

Unterdrückung und Isolation sind schlecht für die Gesundheit. Es erfordert keiner Expertise eines Psychologen, um diese Korrelation zu verstehen. Empowerment steht für eine ausreichende Selbstentfaltung und ein gesundes soziales Miteinander.

Beispiel: Determinanten für eine gute Lebensqualität wie Soziale Kontakte oder ein adäquater Arbeitsplatz sind für eine gesunde und ausgeglichene Lebensführung entscheidende Stützpfeiler. Durch das Mitwirken in einem Sportverein kann das soziale Gefüge verbessert

---

3 Vgl. Brandes S., Stark W. (2016)

werden. Die gesellschaftliche Anerkennung steigt und das soziale Umfeld wächst. Besonders nach einem Umzug in eine neue Stadt ist es oft schwer direkt Anschluss zu finden. Neuer Arbeitsplatz, neue Kollegen, neue Nachbarn. Die Integration gestaltet sich nicht immer leicht. Über eine Interessengemeinschaft wie einen Sportverein können erste Kontakte geknüpft werden. Gleichermaßen besteht die Möglichkeit bei geeigneter Qualifizierung einen beruflichen Aufstieg zu erreichen. Ein Engagement im Betriebsrat kann zusätzlich dazu beitragen nicht nur den eigenen Arbeitsplatz positiv mitzugestalten.

Eigene Ziele definieren und etwas bewegen

Ein Leben ohne Perspektive und eigene Zielsetzung kann langfristig zu Unzufriedenheit und Depressionen führen. Nur nach den Zielen anderer zu leben, nimmt die Chance auf selbst geschmiedete Pläne und verwehrt Eigeninitiative. Es bedarf einer kritischen Situationsanalyse und der Frage, ob es angemessen ist überwiegend für andere Personen zu leben und wie das eigene Leben so gestaltet werden kann, dass die eigenen Wünsche und Erwartungen nicht zu kurz kommen.

Beispiel: Nach einer Krebs-Diagnose verändert sich das Leben eines Menschen schlagartig. Nach anfänglichem Schock, der darauffolgenden Angst vor der Zukunft und die damit einhergehende Perspektivlosigkeit folgt nicht selten eine Phase der Depression. Nach dem die erste Phase des Schocks überwunden ist, wird die Unterstützung durch Freunde und Familie empfohlen. Auch von professioneller Seite kann Hilfe zu einer besseren Gemütslage beitragen.[4] Selbsthilfe kann durch Gruppensitzungen mit Leidensgenossen und den stetigen Austausch über Gefühle und Ängste zu einer Verbesserung des psychischen Zustands beitragen. Der erste Schritt zu neuem Lebensmut führt über die Akzeptanz der Krankheit, zu der eine verständnisvolle Personengruppe beitragen kann. Die Internetpräsenz Selbsthilfenetz.de unterstützt Menschen auf der Suche nach einer Selbsthilfegruppe und leistet beratende Hilfestellung. Manchmal ist die bisherige Zielsetzung nach der Diagnose nicht mehr möglich. Allerdings kann dies auch ein Anreiz darstellen die bisherige Lebenspläne zu verwerfen und offener für neue Erlebnisse zu werden.

---

4 Vgl. Le Shan L. (2004)

Selbstvertrauen besitzen und Stigmata ausblenden

Stigmatisierung ist in unserer heutigen Gesellschaft immer noch ein allgegenwärtiges Problem. Ob Rassismus, Diskriminierung oder Unterdrückung aufgrund von optischer, geschlechtlicher oder gesellschaftlicher Stereotypen kann das Identitätsdenken einer Person sensibel zeichnen. Somit kann die eigene Wahrnehmung sehr unter dem Einfluss von diskriminierenden Äußerungen leiden. Die Folge ist nicht selten ein Rückzug aus der Gesellschaft und eine bewusste oder unbewusste Selbstzuschreibung.

Beispiel: Bei Suchtkranken wie z.B. Alkoholikern erschließt sich schnell ein Teufelskreis. Durch die gesellschaftliche Wahrnehmung einer Normabweichung (exzessiver Alkoholkonsum, Isolation) der alkoholkranken Person erfolgt häufig die Zuordnung von negativen Stigmata. Durch die Diagnose „Alkoholismus" kann ein Prozess der Selbstverurteilung entstehen, der durch die gesellschaftliche Ablehnung fortschreitet. Das eröffnet eine Spirale, die damit beginnt, dass der Alkoholkranke die Diagnose verheimlicht und sich daraufhin aus der Gesellschaft zurückzieht. Durch diese Abweichung vom gesellschaftlichen Ideal kommt es nicht selten zu Ablehnung und Diskriminierung. Dadurch verfällt der Alkoholkranke zunehmender in Isolation und nimmt das ihm auferlegte Rollenbild weiter an. Die Spirale kann erst durchbrochen werden, wenn der Suchtkranke lernt mit der Krankheit zu leben und ein besseres Selbstbild aufbaut. Eine Möglichkeit hierfür sind Selbsthilfegruppen. Ebenso können Rollenspiele dabei helfen, stigmatisierende Alltagssituationen zu rekonstruieren und über das Verhalten innerhalb dieser zu reflektieren, um aktiv daran mitzuwirken mit einem höheren Maß an Selbstvertrauen aufzutreten.[5]

Bereitschaft zu gleichberechtigten Beziehungen und die Übertragung von Vertrauen

In Kapitel 2 wird das „Patient Empowerment" kurz skizziert. Hierbei handelt es sich um das Gleichsetzen der Stellung zwischen Patient und medizinischem Akteur. Historische Denkansätze wie z.B. dass der Mediziner der Entscheider und der Patient lediglich der Empfänger der Entscheidung ist, wird mit diesem Ansatz obsolet. Insgesamt muss nicht nur eine ausbalancierte Beziehung zwischen Patient und Mediziner herrschen, sondern auch eine Vertrauensbasis, die für ein Fundament für barrierefreies Kommunizieren formt.

Beispiel: Das Konzept der „Patienten-Bemächtigung" kann nur gelingen, wenn der Patient von seiner Handlungsmacht weiß und auch aktiv in den Heilungsprozess eingreifen möchte.

---

5 Vgl. Kostrzewa R. (2018)

Genauso ist es essentiell, dass der Patient über ausreichend Bildung verfügt und Informationen abrufen kann, um aktiv an einer Entscheidung z.b. einer Behandlung im Falle eines Knochenbruchs (konservative Behandlung, Operation) mitzuwirken. Untersuchungen fanden heraus, dass Arzt-Patienten-Gespräche mit geringer gebildeten Patienten weniger kooperativ und informativ abliefen, als mit gebildeten Personen. Zusätzlich sind Patienten mehr darauf bedacht bei schwerer Erkrankung über die Behandlung mitzuentscheiden. Auf Seiten des medizinischen Personals wurde herausgefunden, dass ein Kontroll- und Machtverlust nicht erwünscht ist und das darüber hinaus der erhöhte zeitliche Aufwand, der erforderlich ist, um einen Patienten ausreichend zu informieren und Vertrauen aufzubauen, einen negativen Faktor darstellt. Es scheint in diesem Teilaspekt also noch Verbesserungsbedarf zu geben.[6]

4 Modellvergleich Paul Watzlawick mit Friedemann Schulz von Thun

In der im Jahr 1969 erschienen 1. Auflage des Buches „Menschliche Kommunikation" verfolgt der österreichische Hauptautor und Kommunikationswissenschaftler Paul Watzlawick den Ansatz des Pragmatismus innerhalb der Kommunikation. Im Zentrum des Buchs stehen die „fünf Axiome", die als Leitbild für eine funktionierende Kommunikation dienen sollen. Bei gestörter Kommunikation beschreibt Watzlawick, dass ein Axiom oder mehrere „verletzt" werden und dadurch eine fehlerfreie Kommunikation nicht möglich ist.[7] Im Laufe dieser Einsendeaufgabe wird für den Leser vermutlich deutlich, dass der Ansatz Watzlawicks wissenschaftlicher und theoretischer geprägt ist, als das Pendant von Friedemann Schulz von Thun. Das im Jahr 1981 erstmals publizierte Buch „Miteinander reden" vom deutschen Psychologen Friedemann Schulz von Thun richtet sich verglichen mit dem Werk von Watzlawick an den weniger intellektuellen Leser und verzichtet überwiegend auf wissenschaftliches Vokabular. Ähnlich wie Watzlawick möchte Schulz von Thun mit seinen „4-Seiten-einer- Nachricht" eine Form der Metakommunikation illustrieren und somit eine Referenz für reibungslose zwischenmenschlichen Kommunikation schaffen.[8] Schulz von Thuns 4-Seiten-einer-Nachricht baut inhaltlich auf die Arbeit Watzlawicks und Bühlers auf.[9] Im folgenden Vergleich wird zuerst der Ansatz Watzlawicks beschrieben und dieser mit der Theorie Schulz von Thuns parallelisiert.

---

6 Vgl. Gastmeier P., Reichard C. (2013) S.157 ff.
7 Vgl. Watzlawick P. et al. (2007) S. 19
8 Vgl. Schulz Von Thun F. (2010) S. 18
9 Vgl. Schulz Von Thun F. (2010) S. 13

9

1. Axiom nach Watzlawick: „Die Unmöglichkeit nicht zu kommunizieren" (oder „Man kann nicht nicht kommunizieren")

Das erste Axiom besagt dass Kommunikation nicht nur verbal, sondern genauso nonverbal ablaufen kann. Kommunikationsinhalt können nicht nur Worte sein wie „Lasst mich in Ruhe", sondern ebenso paralinguistische Phänomene; der Tonfall, die Schnelligkeit des Redens, Pausen, Lachen, Seufzen, Körperhaltung, Körpersprache und Mimik.[10] Somit besteht auch eine Kommunikation zwischen Sender und Empfänger, wenn der Empfänger einer Botschaft: „Lass uns spazieren gehen" nicht verbal auf diese Botschaft reagiert, sondern lediglich über ein Schweigen Zustimmung oder Ablehnung suggeriert. Verhalten hat kein Gegenteil, man kann sich also nicht nicht verhalten. Jede Form die eine an den Empfänger adressierte Nachricht hervorruft, ob verbal oder nonverbal ist folglich als Stellungnahme zu betrachten und eine Form der Kommunikation.[11]

Vergleich mit Schulz von Thun

Der grundlegende Aufbau der Nachricht mit den vier Seiten; Sachinhalt, Selbstoffenbarung, Beziehungsaspekt und Appell nach Schulz von Thun kann mit dem ersten Axiom Watzlawicks verglichen werden, wenn der Sachinhalt (Information) der Nachricht ausgeblendet wird. Dadurch entsteht eine nonverbale Kommunikationsweise, die die anderen drei Botschaften (Selbstoffenbarung, Beziehungsaspekt, Appell) weiterhin stattfinden lässt. Sollte der Empfänger der Nachricht „Lass uns spazieren gehen" also mit einem Schweigen antworten, könnte man dies wie folgt deuten.[12] Selbstoffenbarung: „Ich will meine Ruhe haben!". Beziehungsaspekt: „Mit dir möchte ich in diesem Moment keine Zeit verbringen." Appell: „Lass mich alleine". Resümierend ist auch nach Schulz von Thun jedes Schweigen eine Kommunikationsart, nur das hierbei in seinem Modell der Sachinhalt obsolet wird.

2. Axiom nach Watzlawick: „Inhalts- und Beziehungsaspekt der Kommunikation"

Watzlawick beschreibt, dass der Inhalt einer Nachricht eine Botschaft ist. Dabei ist es gleichgültig, ob diese der Wahrheit entspricht oder gelogen ist, ob sie Gültigkeit besitzt oder nicht. Ein weiterer Aspekt besteht darin in welcher Weise der Sender die übermittelte Botschaft vom Empfänger verstanden haben möchte. Hierbei ist die Beziehung zwischen Sender und Empfänger relevant. Der Sender „Lass uns spazieren gehen" sieht die Beziehung zwischen sich

---

10 Vgl. Watzlawick P. et al. (2007) S. 50, S. 51
11 Vgl. Watzlawick P. et al. (2007) S. 53
12 Vgl. Schulz Von Thun F. (2010) S. 34

und dem Empfänger (reagiert mit Schweigen) möglicherweise anders als der Empfänger zum Sender.[13] Bei konfliktfreien Beziehungen tritt der Informationsaspekt in den Vordergrund und der Beziehungsaspekt in den Hintergrund. Bei konfliktreichen Beziehungen zwischen Sender und Empfänger (Empfänger antwortet lediglich mit Schweigen) verliert der Inhalt der Nachricht an Bedeutung und der Beziehungsaspekt überwiegt.[14] Somit beinhaltet der Inhaltsaspekt die zu kommunizierende Information und der Beziehungsaspekt weist an, wie diese für den Empfänger zu verstehen ist. Durch einen gesunden Beziehungsaspekt könnte das Schweigen des Empfängers als stille Zustimmung gedeutet werden. Im Falle einer gestörten Beziehung als Ablehnung. Botschaften können durch den Beziehungsaspekt also mehrdeutig sein.[15]

Vergleich mit Schulz von Thun
Die beiden Seiten Sachinhalt und Beziehungsaspekt im vier Botschaften Modell sind mit dem zweiten Axiom vergleichbar. Der Sachinhalt übermittelt die nüchterne Information und klärt über den gegenwärtigen Zustand auf.[16] Wohingegen der Beziehungsaspekt das Verhältnis zwischen Sender und Empfänger ausdrückt. Schulz von Thun beschreibt ähnlich wie Watzlawick die Wichtigkeit des Beziehungsaspekts. Der Empfänger ist für den Beziehungsaspekt einer Nachricht sehr sensibel, die sich durch paralinguistische Merkmale (Tonfall, Körpersprache usw.) des Senders äußert.[17] Der Beziehungsaspekt der Botschaft enthält Du- und Wir-Botschaften und ist an den Empfänger geknüpft.[18]

3. Axiom nach Watzlawick: "Die Interpunktion von Ereignisfolgen"
Das dritte Axiom ist theoretisch geprägt. Die Interpunktion von Ereignisfolgen beschreibt eine Folge von Kausalitätsketten, die jeweils unterschiedlich interpretiert werden können. Person A setzt einen Reiz, darauf folgt eine Reaktion von Person B , die damit ein weiteres Verhalten von Person A hervorruft. Dadurch können zwischen Person A und Person B Beziehungsstrukturen hergestellt werden, über die sie Übereinstimmung erreichen, oder nicht.[19] Watzlawick nennt hierfür folgendes Beispiel:[20] Eine Frau nörgelt an ihrem Mann herum, weil er so wenig mit ihr

---

13 Vgl. Watzlawick P. et al. (2007) S. 53
14 Vgl. Watzlawick P. et al. (2007) S. 55
15 Vgl. Watzlawick P. et al. (2007) S. 56
16 Vgl. Schulz Von Thun F. (2010) S. 26
17 Vgl. Schulz Von Thun F. (2010) S. 27
18 Vgl. Schulz Von Thun F. (2010) S. 28
19 Vgl. Watzlawick P. et al. (2007) S. 57, S. 58
20 Vgl. Watzlawick P. et al. (2007) S. 59

spricht. Der Mann jedoch spricht so wenig mit seiner Frau, weil sie an ihm herumnörgelt. In dieser Beziehungsstruktur findet keine Übereinstimmung statt. Die Frau nimmt ihr Verhalten als Reaktion auf das Verhalten des Mannes „Er spricht nicht mit mir. Darauf muss ich ihn aufmerksam machen" wahr und nicht als gesetzter Reiz ihrerseits, der dazu führt, dass der Mann nicht mehr mit ihr spricht. Der Mann nimmt sein Verhalten ebenso als Reaktion auf das Nörgeln seiner Frau wahr und nicht als Reiz, der die Nörgelei seiner Frau erst initiiert.

Vergleich mit Schulz von Thun

Das dritte Axiom ist ungeeignet für einen Vergleich mit den 4-Seiten-einer-Nachricht. Die Interpunktion von Ereignisfolgen lässt eine oberflächliche Ähnlichkeit mit der „Vier-Ohren Theorie" Schulz von Thuns erkennen. Diese besagt, dass der Empfänger einer Nachricht die freie Auswahl hat auf welche Botschaft er reagieren soll. Da diese Theorie nicht als Vergleichsgrundlage dient, fehlt Schulz von Thuns Modell dieser Teilaspekt der Metakommunikation, den Watzlawick als essenziell betrachtet. Aufgrund der theoretischen Ausrichtung dieses Axioms würde ein identischer Ansatz Schulz von Thuns praktischer Denkweise nicht gerecht werden.

4. Axiom nach Watzlawick: „Kommunikation bedient sich analoger und digitaler Strukturen"

Watzlawick unterscheidet zwischen analoger und digitaler Kommunikation. Analoge Kommunikation ist als nonverbal zu verstehen. Selbst wenn eine Person eine fremde Sprache nicht sprecht, hat sie über analoge Methoden wie Gestik, Mimik, Körperhaltung oder Zeichensprache die Möglichkeit zu kommunizieren. Es wird vermutet, dass die analoge Kommunikation ihren Ursprung in der archaischen Entwicklungsperiode hat. Die digitale Kommunikation ist von Wörtern abhängig, die aus Buchstabenkombinationen bestehen. Die Buchstabenabfolge H-u-n-d bedeutet für eine deutschsprachige Person das Objekt Hund. Jedoch setzt dies ein semantisches Übereinkommen zwischen Sender und Empfänger voraus. Personen ohne Deutschkenntnisse verstehen unter der Buchstabenfolge H-u-n-d nicht das Objekt Hund.[21] Ohne digitale Kommunikation (Wörter und Sprache) wäre die Entwicklung der Menschheit nicht so weit fortgeschritten, da die Vermittlung von Bildung und Wissen mit analoger Kommunikation unmöglich erscheint.[22] Des weiteren ordnet Watzlawick der digitalen Kommunikation den Informationsaspekt und analoger Kommunikation den Beziehungsaspekt

---

21 Vgl. Watzlawick P. et al. (2007) S. 62
22 Vgl. Watzlawick P. et al. (2007) S. 64

zu. Beispiel: Eine Katze miaut aufgeregt vor ihrem Futternapf (Die Botschaft könnte eindeutig sein). Die Kommunikation findet hier auf der analogen Ebene statt, da der Vierbeiner keine für den Besitzer verständliche Sprache bemühen kann. Der Inhaltsaspekt (digital) der Nachricht ist also irrelevant, da der analoge Teil (vom Besitzer) verstanden wurde. Allerdings bietet analoge Kommunikation eine Grundlage für Missverständnisse. Vielleicht möchte die Katze gar kein Futter, sondern Streicheleinheiten und Aufmerksamkeit. Digitale Kommunikation hingegen ist zwar komplexer allerdings gleichermaßen unmissverständlicher. Dennoch besitzt sie kein ausreichendes Vokabular, um Emotionen und Beziehungen auszudrücken.[23] Kommunikation bedient sich nach Watzlawick also beider Disziplinen. Die digitale Form ist komplex und logisch, aber ohne Beziehungsaspekt. Analoge Kommunikation findet auf der Beziehungsebene statt, bedient sich keiner klaren Logik und lässt einen Informationsaspekt vermissen.

Vergleich mit Schulz von Thun

Die Bezeichnungen analoge- und digitale Kommunikation Watzlawicks deutet Schulz von Thun zu praktischen Termini um. Die digitale Kommunikation wird mit dem Sachinhalt (Information einer Botschaft) beschrieben. Der Beziehungsaspekt ersetzt die analoge Kommunikation Watzlawicks. Hierbei werden paralinguistische Merkmale bedeutsam, die einen Informationsaspekt ersetzen können. Allerdings stellt bei Schulz von Thuns Theorie der Beziehungsaspekt keine Aufforderung zur Handlung dar. Nur in Kombination mit dem Appell (Wozu ich dich veranlassen möchte!) kann der Beziehungsaspekt zu einer Handlung des Empfängers führen. Beim Beispiel der Katze würde nach Schulz von Thuns Modell der Beziehungsaspekt nicht ausreichen, um dem Besitzer zu übermitteln, wie er die Botschaften verstehen soll. Entscheidend hierbei wäre die Übermittlung des Appells über konkludentes Auftreten der Katze wie das aufgeregte Miauen vor dem Futternapf.[24] Zusammengefasst müssen zwei Seiten der Nachricht vorhanden sein, um eine Handlung des Empfängers zu bewirken.

---

23 Vgl. Watzlawick P. et al. (2007) S. 67
24 Vgl. Schulz Von Thun F. (2010) S. 29

5. Axiom nach Watzlawick: „Symmetrische und komplementäre Interaktion"

Im letzten Axiom unterscheidet Watzlawick symmetrische- und komplementäre Beziehungen durch die These, dass „zwischenmenschliche Kommunikation entweder symmetrisch oder komplementär ist, je nachdem ob die Beziehung auf Gleichheit (symmetrisch) oder Ungleichheit (komplementär) beruht"[25] Symmetrische Kommunikation zeichnet sich durch das Streben von Sender und Empfänger nach Gleichheit aus, das komplementäre Pendant setzt ein Ergänzen der Kommunikationspartner voraus. Beispiel: Ein Chef reagiert auf das Arbeitsergebnis eines Angestellten abfällig und lässt ihn dafür Überstunden machen. Er gibt sich autoritär. Der Angestellte reagiert darauf mit unterwürfigem Verhalten und ist demütig. Die Beziehung ist komplementär und ergänzt sich (autoritäres Verhalten = Unterwerfung). Eine symmetrische Beziehung käme Zustande, wenn der Angestellte die Interaktion seines Chefs spiegeln würde (autoritäres Verhalten = autoritäres Verhalten). Beispiel: Der Chef ist mit dem Arbeitsergebnis unzufrieden und reagiert autoritär. Der Angestellte tritt seinem Chef gegenüber ebenfalls autoritär gegenüber (in der Praxis nicht die beste Idee), da er von seiner Arbeitsleistung überzeugt ist. Das Ergebnis ist kein Konsens, sondern ein Konflikt. Beide Beziehungsarten bieten progressives Potenzial und können Konflikte auslösen. Symmetrische Beziehungen können zum Wettstreit führen (Prahlen = mehr Prahlen = noch mehr Prahlen). Komplementäre Beziehungen führen nicht selten zu einem Ungleichgewicht (Dominanz = devotes Verhalten = mehr Dominanz = Unterwürfigkeit).[26]

Vergleich mit Schulz von Thun

Dieses Axiom Watzlawicks lässt keine eindeutige Parallele zu Schulz von Thuns Modell erkennen.

5 Interpretationsversuch der Bedürfnisse

Als Interpretationsgrundlage dienen die Aussagen eines 3-köpfigen Praxisteams im Gesundheitswesen. Nach Umstellung auf automatisierte Arbeitsprozesse, wie das Anbieten von Online-Terminen, kategorisierten Ansagen des Anrufbeantworters und der Vereinfachung der Abrechnung durch ein virtuelles Portal im Vorzimmer, sind die drei Mitarbeiter/innen geteilter Meinung:

---

25 Watzlawick P. et al. (2007) S. 70
26 Vgl. Watzlawick P. et al. (2007) S.69

Person A: „Endlich! Jetzt können wir endlich fachlich unterstützen, statt Sekretär zu spielen.

Person B: „Und die ganze Nörgelei und Jammerei, die bleibt uns nun auch erspart.

Person C: „Wir haben damit eine nie dagewesene Distanz zu unseren Klienten, das sind jetzt Prozesse wie in einer Bank. Das Menschliche geht doch verloren!

Aus dieser Situation wird sich im späteren Verlauf ein Konflikt entwickeln, sofern er nicht bereits als einer wahrgenommen wird. Zuerst ist es sinnvoll zu erörtern, auf welchen Bedürfnissen die Aussagen der drei Personen aufgebaut sind. Dabei sollte klar sein, dass es schwer ist anhand einer Aussage präzise zu attestieren, was in einem Menschen vorgeht. Daher sind die folgenden Deutungen subjektiver Natur:

Person A äußert mit der Aussage offensichtlich Unmut über die bisherige Funktion und die Tatsache, dass die fachliche Qualifikation (vermutlich als Arzthelfer/-in) nicht ausreichend genutzt und gewürdigt wurde. Die Aussage offenbart zwei unbefriedigte Bedürfnisse: Zum einen das Bedürfnis nach Wertschätzung, das bislang beruflich durch die Tätigkeit als „Sekretär" nicht ausreichend durch Vorgesetzte und Patienten adressiert wurde. Zum anderen das Bedürfnis nach Selbstverwirklichung, da Person A bislang an eine Tätigkeit gebunden war, die nicht ihren beruflichen Zielen entsprach und möglicherweise für Motivationsprobleme und Frust sorgte. Der amerikanische Psychologe Maslow beschreibt „selbstverwirklichte Menschen" als reicher an Lebenserfahrung, verständnisvoller und harmonischer. [27]

Person B suggeriert vor allem das Bedürfnis nach Wertschätzung. Es scheint wiederholt zu Äußerungen von Unzufriedenheit seitens der Patienten gekommen zu sein, die von dieser Person als besonders negativ aufgenommen wurden. Hierbei äußert sich zusätzlich ein soziales Bedürfnis nach Anerkennung. Nach Maslow hat ein Ausbleiben der sozialen Attribute Nähe, Anerkennung, Verständnis und Nächstenliebe eine Entfremdung, Freudlosigkeit, Bindungslosigkeit und Isolation zur Folge. [28]Das klingt ein wenig Paradox, da die Umstellung auf Automatisierung der Prozesse den Kontakt zum Patienten in erster Linie nicht verbessert, sondern in gewissem Umfang verhindert. Allerdings verhindert dies auch Unmutsäußerungen, die dadurch entstehenden Konflikte mit Patienten und den Verlust von Selbstachtung bei Person B.

---

27 Gordon T. (1998) S.238
28 Gordon T. (1998) S.238

Person C ist kontroverser Meinung. Während Person A und B sich überwiegend einig sind, dass die neuen Maßnahmen als positiv zu betrachten sind, möchte Person C wachrütteln und appellieren. Durch die Aussage „das Menschliche doch geht verloren!" drückt Person C aus, dass es ihr wichtig ist weiterhin in einem sozialen Arbeitsumfeld zu agieren. Dabei steht das Bedürfnis nach Zwischenmenschlichkeit im Vordergrund. Person C interpretiert die eigene berufliche Tätigkeit anders als Person A und B. Während Person A und B ihre Aufgabenfelder eher in der fachlichen Arbeit sehen, ist es für Person C bedeutungsvoll den persönlichen Kontakt mit Patienten zu beizubehalten, Daher wir auch hier das Bedürfnis nach Selbstverwirklichung erkennbar. Zusätzlich wird ein soziales Bedürfnis aufgedeckt, das bislang durch den persönlichen Patientenkontakt befriedigt wurde, aber nach Umstellung auf Automatisierung (vermutlich) nicht mehr ausreichend frequentiert werden kann.

6 Die niederlagenlose Konfliktlösung nach Thomas Gordon

Um ein angenehmes Arbeitsklima, Produktivität und Motivation der drei Mitarbeiter/innen aufrecht zu erhalten, hat die Praxis-Leitung nun die Aufgabe den Konflikt aufzulösen und einen gemeinsamen Konsens zu finden. Die Praxis-Leitung hätte in dieser Situation selbstverständlich die Möglichkeit ein „Machtwort" zu sprechen und den Konflikt damit zu bereinigen. Allerdings würde eine solche Machtausübung nach Gordon dazu führen, dass sich Person C („Das Menschliche geht doch verloren!") als Verlierer des Konflikts fühlt, was die intrinsische Motivation sensibel beeinträchtigen könnte. Es darf somit keine „Entweder-Oder"- Denkweise angestrebt werden, sondern eine Lösung, die für alle Beteiligten „akzeptabel" erscheint.[29]

Die niederlagenlose Konfliktlösung nach Thomas Gordon ist ein Kommunikationsmodell, das ein Verzicht auf Machtausübung, Bestrafung, Strafandrohung und Disziplinierung der Konfliktparteien voraussetzt. Machtausübung ist laut Gordon „...eine Garantie dafür, dass Feindseligkeit, Ärger und Rebellion entstehen."[30] Folgende Kommunikationstechniken sollen dabei helfen, den Konflikt zu lösen. Ihnen sind jeweils auf die Situation-bezogene Beispiele hinzugefügt:

---

29 Vgl. Gordon T. (1998) S.133
30 Gordon T. (1998) S. 129

Passives Zuhören

Nachdem die Praxis-Leitung richtig erkannt hat, dass ein Konflikt entstanden ist und die Bedürfnisse der Akteure interpretiert wurden, beginnt die Gesprächsführung. Gordon beschreibt das Passive Zuhören als „die Bereitschaft des Hörers, sich ruhig zu verhalten" und dies wird in der Regel „als Beweis für Interesse und Anteilnahme verstanden".[31] Wenn man mit einer Person spricht, die bereit ist zuzuhören, öffnet man sich aus eigener Erfahrung mehr, als wenn der Eindruck entsteht, dass der Zuhörer kein Interesse an einem Gespräch oder dem Gesprächsthema vorweist. Der Zuhörer sollte nicht nur Schweigen, sondern Aufmerksamkeitsreaktionen („Aha", „Interessant", „Ok") zeigen und dem Erzähler damit verständlich machen, dass er ihm folgen kann. Ein erster Einstieg in den Prozess der Konfliktlösung kann damit gelingen.

> **Person C:** „Wir haben damit eine nie dagewesene Distanz zu unseren Klienten, das sind jetzt Prozesse wie in einer Bank. Das Menschliche geht doch verloren!"
>
> **Praxis-Leitung:** „Ich verstehe, erzählen Sie weiter."
>
> **Person C:** „Ich fühle mich damit unwohl, da es mir wichtig ist mit Menschen zusammenzuarbeiten und den Kontakt zu pflegen."

Aktives Zuhören

Das Passive Zuhören kann ein Gespräch fortlaufen lassen. Allerdings kann der Erzähler nie sicher sein, dass der Zuhörer wirklich versteht, was zum Ausdruck gebracht wird. Also muss der Zuhörer eine aktive Rolle in der Gesprächsführung einnehmen. Auch bei dieser Technik ist es entscheidend zuerst das Bedürfnis des Erzählers zu dekodieren, Die Kunst des aktiven Zuhörens besteht darin, dass der Zuhörer die während des Gesprächs gewonnenen Eindrücke stetig rückmeldet. Diese Rückmeldungen schließen überwiegend aus, dass Missverständnisse und Fehlinterpretationen im Verlauf des Gesprächs auftreten. Der Zuhörer gibt also in eigenen Worten wieder, was er vom Erzähler verstanden hat. Der Erzähler wird dadurch motiviert tiefer in das Thema einzusteigen und Probleme aufzudecken, die mittelbar an das Konfliktthema geknüpft sind.[32]

---

31 Gordon T. (2005) S. 78
32 Gordon T. (2005) S. 79, 80, 81

> **Person C:** „Wir haben damit eine nie dagewesene Distanz zu unseren Klienten, das sind jetzt Prozesse wie in einer Bank. Das Menschliche geht doch verloren!"
>
> **Praxis-Leitung:** „Sie sind also der Meinung, dass dadurch der Kontakt zum Patienten verloren geht."
>
> **Person C:** „Warum die Umstellung der Prozesse? Ich arbeite sehr gerne mit Menschen zusammen."
>
> **Praxis-Leitung:** „Ihnen würde also dauerhaft der Kontakt zu unseren Patienten fehlen."
>
> **Person C:** „Der tägliche Plausch mit unseren Patienten bedeutet mir viel."
>
> **Praxis-Leitung:** „Hört sich an, als würden Sie langfristig etwas vermissen."
>
> **Person C:** „Seit mich meine Frau verlassen hat, ist auch mein Freundeskreis bedeutend geschrumpft."
>
> **Praxis-Leitung:** „Das tut mir leid."

Wichtig während des aktiven Zuhörens ist, dass der Zuhörer Empathie und Bejahung einfließen lässt. Ohne diese Fähigkeiten ist das Aktive Zuhören nicht möglich.[33] Eine empathische Form der Anteilnahme („Ich höre, was du fühlst.") trägt dazu bei, dass Barrikaden abgebaut werden, der Erzähler sich weiter öffnet und der Kern des Problems besser verstanden wird,

Ich-Botschaft

Um einen deeskalierenden Gesprächsfluss zu entwickeln rät Gordon dazu „Ich-Botschaften" zu verwenden. Dieses Hilfsmittel beschreibt er überwiegend im Kontext der Eltern-Kind-Beziehung. Die Technik funktioniert aber auch zwischen Führung und Angestellten. Du-Botschaften können vom Empfänger als Machtausübung, Drohung, Bewertung und Unterwerfung verstanden werden („Sie wollen mir also erzählen, dass Sie unzufrieden sind." [Bewertung]). Ich Botschaften hingegen erzeugen beim Empfänger der Botschaft weniger Widerstand.[34]

> **Person C:** „Wir haben damit eine nie dagewesene Distanz zu unseren Klienten, das sind jetzt Prozesse wie in einer Bank. Das Menschliche geht doch verloren!"
>
> **Praxis-Leitung:** „Ich habe den Eindruck gewonnen, dass Sie befürchten den Kontakt zu den Patienten zu verlieren."

Da die Formulierung durch die Ich-Botschaft persönlicher und der Eindruck subjektiver wird, wirkt sie für den Empfänger weniger bewertend.

---

33 Vgl. Gordon T. (2005) S. 82
34 Vgl. Gordon T. (1998) S. 93,94

Die Jeder-gewinnt-Methode

Nachdem die Techniken der Gesprächsführung und des Zuhörens skizziert wurden, ist es an der Zeit eine adäquate Lösung für Praxis-Leitung und Praxis-Team zu finden. In der Regel kennen viele Menschen nur eine Lösung, die aus einem Konflikt resultiert. Eine der streitenden Parteien gewinnt, die andere Partei verliert. So ist es oft auch in einem Vorgesetzten-Mitarbeiter-Verhältnis. Der Vorgesetzte reklamiert den Konfliktgewinn aufgrund seiner Machtbefugnis für sich und der Angestellte ist der Verlierer. Gordon beschreibt dieses Verhalten als **Methode I** (die Autorität gewinnt, der Untergebene verliert)[35]. Die Bedürfnisse des Vorgesetzten bleiben somit gewahrt, die des Angestellten sind unbefriedigt:

> **Person C:** „Wir haben damit eine nie dagewesene Distanz zu unseren Klienten, das sind jetzt Prozesse wie in einer Bank. Das Menschliche geht doch verloren!"
>
> **Praxis-Leitung:** „Damit müssen Sie jetzt wohl leben. Aus wirtschaftlicher Sicht war diese Entscheidung unabdingbar."

Gibt der Vorgesetzte allerdings nach, um einem fortschreitenden Streit aus dem Wege zu gehen, gewinnt der Angestellte den Konflikt. Gordon bezeichnet dieses Szenario als **Methode II** (die Autorität gibt nach, der Untergebene gewinnt).[36] Somit bleiben die Bedürfnisse des Vorgesetzten unbefriedigt und der Angestellte obsiegt:

> **Person C:** „Wir haben damit eine nie dagewesene Distanz zu unseren Klienten, das sind jetzt Prozesse wie in einer Bank. Das Menschliche geht doch verloren!"
>
> **Praxis-Leitung:** „Sie haben natürlich recht."

In beiden Ausgängen des Konflikts gibt es infolgedessen einen Verlierer, der unzufrieden aus der Situation hervorgeht.

Um diese destruktive Form der Konfliktlösung zu vermeiden, schlägt Gordon vor **Methode III** (Jeder-gewinnt-Methode oder niederlagenlose Konfliktlösung) zu nutzen. Grundlegend ist Methode III auf einen gegenseitigen Kompromiss ausgelegt, also ein Bestreben beider Parteien nach einer Win-Win-Lösung. Eine niederlagenlose Lösung postuliert, dass die Autorität auf die Möglichkeit zur Ausübung der Macht verzichtet. Der Vorgesetzte muss in erster Linie den Willen besitzen, eine für beide Seiten bedürfnisgerechte Lösung herbeizuführen.

---

35 Vgl. Gordon T. (1998) S. 100, 101
36 Vgl. Gordon T. (1998) S.102

Der übliche Ablauf der niederlagenlosen Konfliktlösung sieht folgende Schritte vor:[37]

1. Problem erkennen und definieren
2. Alternative Lösung entwickeln
3. Alternative Lösung bewerten
4. Entscheidung treffen
5. Entscheidung ausführen
6. Lösung bewerten

Lösung des Konflikts

Zum Schluss soll mit Hilfe der Kommunikationstechniken (Aktives Zuhören, Ich-Botschaften) und Methode III eine Konfliktlösung erreicht werden:

Person C: „Wir haben damit eine nie dagewesene Distanz zu unseren Klienten, das sind jetzt Prozesse wie in einer Bank. Das Menschliche geht doch verloren!"

Praxis-Leitung: Ich habe den Eindruck gewonnen, dass Sie befürchten den Kontakt zu den Patienten zu verlieren."

Person C: „Warum die Umstellung der Prozesse? Ich arbeite sehr gerne mit Menschen zusammen."

Praxis-Leitung: „Ich schätze, dass Ihnen dieser Aspekt der Arbeit wichtig ist."

Person C: „Der tägliche Plausch mit unseren Patienten bedeutet mir viel."

Praxis-Leitung: „Verstehe, für mich hört es sich an, also würde ihnen dann etwas fehlen."

Person C: Seit mich meine Frau verlassen hat, ist auch mein Freundeskreis bedeutend geschrumpft. Daher ist mir die soziale Komponente meines Berufs wichtig."

[1. Problem erkennen und definieren]

Praxis-Leitung: Das tut mir leid. Ich glaube, dass Ihnen der Patientenkontakt darüber weggeholfen hat. Wie wäre es, wenn wir Sie primär am Empfang und Telefon einsetzen und die anderen Maßnahmen (Online-Termin, Abrechnung über virtuelles Portal) bestehen bleiben. Ihre beiden Kollegen können dann fachlich eingesetzt werden und Ihre Kerntätigkeit fokussiert die Kommunikation mit den Patienten."

[2. Alternative Lösung entwickeln]

Person C: „Das klingt nach einem annehmbaren Kompromiss für mich."

---

37 Vgl. Gordon T (2005) S. 211

Person A und B: „Wir sind einverstanden."

[3. Alternative Lösung bewerten]

Praxis-Leitung: „Aus wirtschaftlicher Sicht ist diese Entscheidung für die Praxis-Leitung ebenfalls akzeptabel."

[4. Entscheidung treffen]

Ich freue mich, dass wir eine Lösung gefunden haben. Ab morgen können Sie dann mit den (gewohnten) Aufgaben starten."

[5. Entscheidung ausführen]

Person C: „Ich freue mich ebenfalls mit Ihnen gemeinsam eine Lösung gefunden zu haben."

Der 6. Schritt „Lösung bewerten" kann erst einige Zeit nach erfolgter Umsetzung der Entscheidung betrachtet werden. Keine der beiden Parteien weiß schlussendlich, wie sich die Lösung des Konflikts über einen längeren Zeitraum praktisch darstellen wird.[38] Allerdings bietet der niederlagenlose Lösungsansatz für die Praxis-Leitung und die Mitarbeiter/innen eine vorerst für alle Parteien annehmbare Situation. Machtkämpfe konnten vermieden werden, ein positives Betriebsklima wurde gewahrt.

---

38 Vgl. Gordon T. (2005) S. 219

Literaturverzeichnis

Gastmeier P., Reichard C. (2013), „Patient Empowerment" Wie viel können Patienten zu einer verbesserten Compliance des Personals beitragen, Krankenhaushygiene up2date, Thieme, Leipzig

Gordon T. (1998), Das Gordon-Modell: Anleitung für ein harmonisches Leben – Eine Einführung. Originalausgabe, Wilhelm Heyne Verlag, München

Gordon T. (2005), Managerkonferenz: Effektives Führungstraining, 19. Auflage, Wilhelm Heyne Verlag, München

Le Shan L. (2004), Diagnose Krebs. Wendepunkt und Neubeginn, Klett-Cotta Verlag, Stuttgart

Schulz von Thun F. (2010), Miteinander Reden: Störungen und Klärungen, 48. Auflage, Rowohlt Taschenbuch Verlag, Hamburg

Watzlawick P., Beavin J. H., Jackson D. D. (2007), Menschliche Kommunikation: Formen, Störungen, Paradoxien, 11. Auflage, Verlag Hans Huber, Bern

Weltgesundheitsorganisation WHO (1986), Ottawa-Charta zur Gesundheitsförderung

Internetquellen

Brandes S., Stark W. (2016), Empowerment/Befähigung, Bundeszentrale für gesundheitliche Aufklärung, https://www.leitbegriffe.bzga.de/alphabetisches-verzeichnis/empowermentbefaehigung/ Abruf 06.09.2020

Kostrzewa R. (2018), Stigmatisierung und Selbststigmatisierung im Kontext von Suchterkrankungen, https://www.konturen.de/fachbeitraege/stigmatisierung-und-selbststigmatisierung-im-kontext-von-suchterkrankungen/ Abruf 12.09.2020